gjirafë

giraffe

kangur

kangaroo

insekt

bug

majmun

monkey

oktapod

octopus

lepur

rabbit

1

peshkaqen

shark

tigër

tiger

jak

yak

zebër

zebra

aligator

alligator

qen

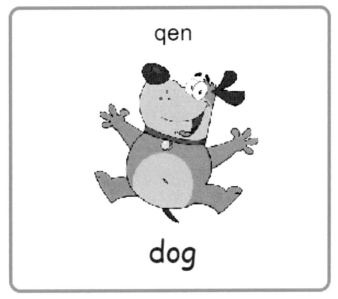

dog

papagall

parrot

kafshët

animals

dhen

sheep

rra

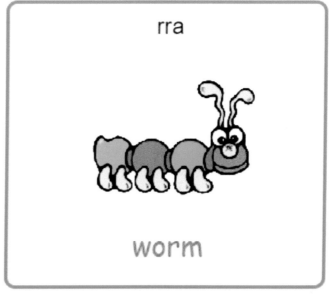

worm

milingonë

ant

mace

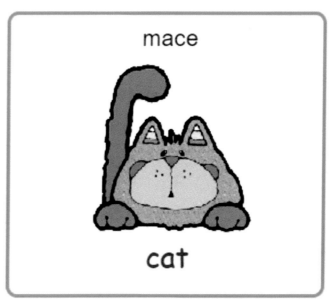

cat

dre

deer

elefant

elephant

peshk

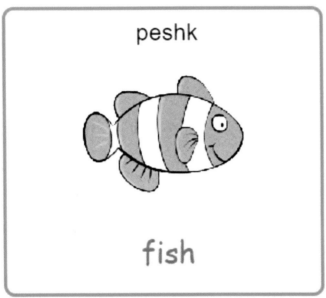

fish

femër

hen

iguana

iguana

luan

lion

mol

mole

buf

owl

derr

pig

gjel

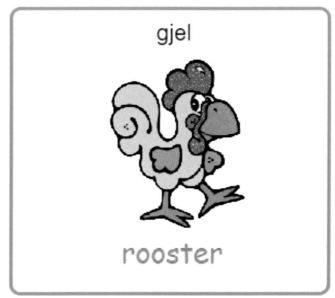

rooster

kërmill

snail

turqi

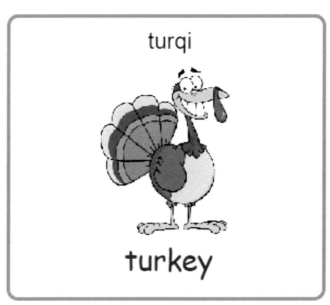

turkey

balenë

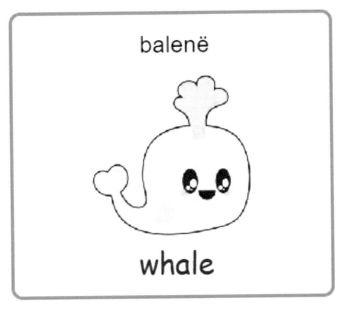

whale

bletë

bee

rosë

duck

bandit

gorilla

duroj

bear

zog

bird

pulë

chicken

lopë

cow

gaforre

crab

kalë

horse

kotele

kitten

ketrat

squirrel

flutter

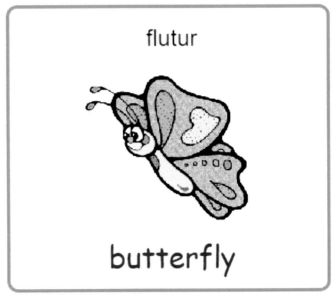

butterfly

deve

camel

delfin

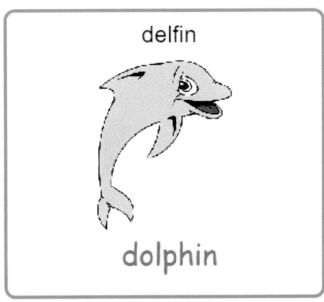

dolphin

shqiponjë

eagle

chicks

chick

dhelpër

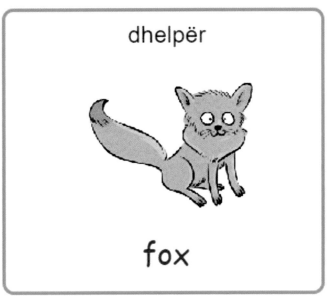

fox

bretkocë

frog

dhi

goat

hipopotam

hippopotamus

panda

panda

kone

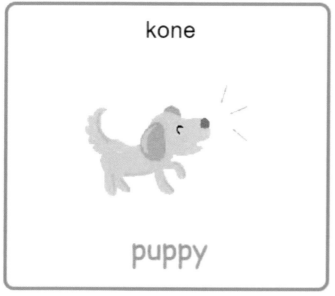

puppy

minj

mouse

pinguin

penguin

gjarpër

snake

merimangë

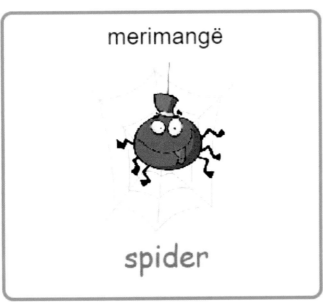

spider

breshkë

turtle

ujk

wolf

fluturon

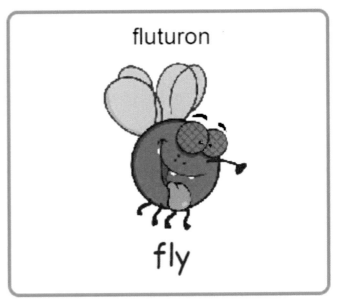

fly

insekt

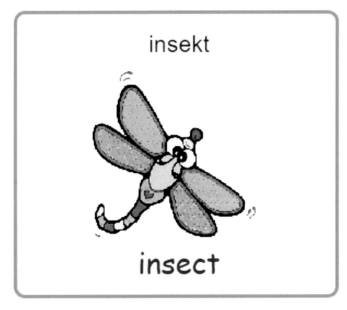

insect

koalë

koala

trembem

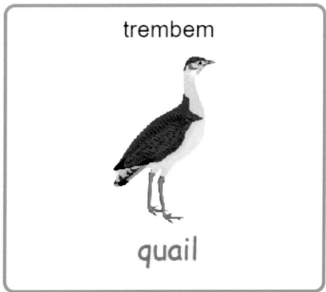

quail

mi

rat

skunks

skunk

gatopard

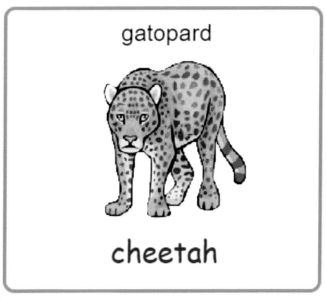

cheetah

hardhucë

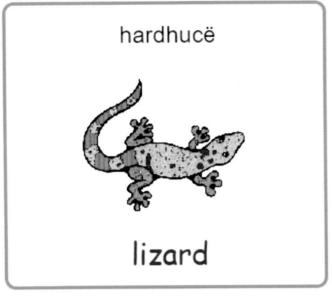

lizard

pelë

mare

struc

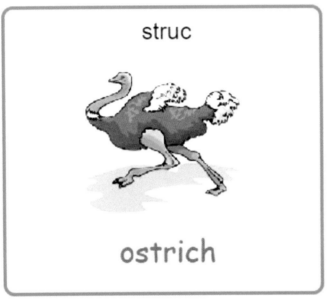

ostrich

gocë deti

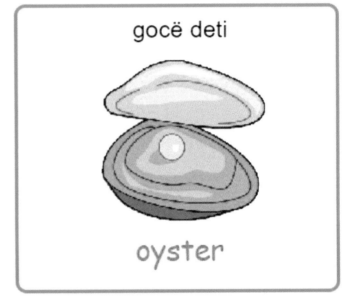

oyster

pelikan

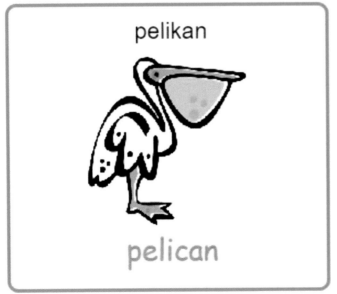

pelican

pëllumb

pigeon

renë

reindeer

mjellmë

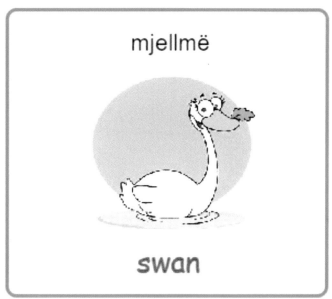

swan

zhabë

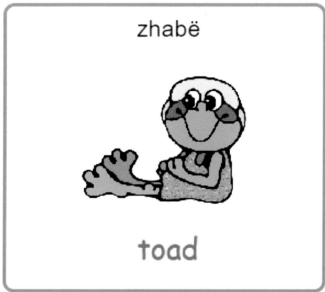

toad

hutë

vulture

lopë deti

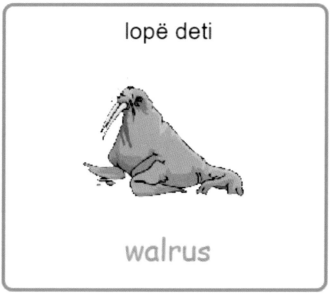

walrus

gojë

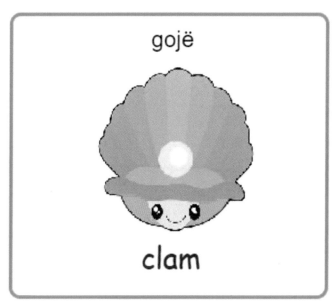

clam

derr

boar

gju

knee

dorë

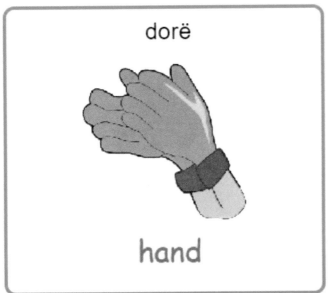

hand

sy

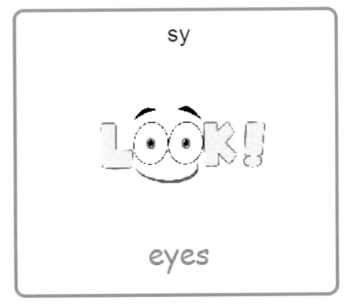

eyes

kokë

head

këmbët

leg

qime

hair

veshët

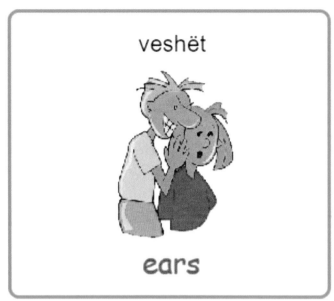

ears

gisht

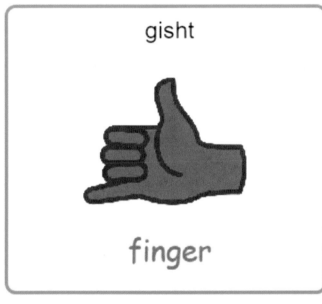

finger

hundë

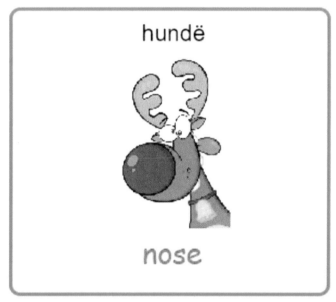

nose

dhëmb

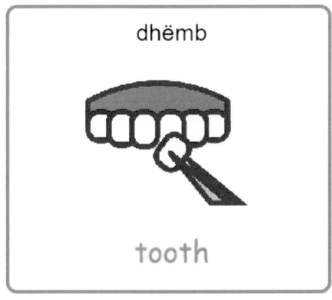

tooth

sup

shoulder

krah

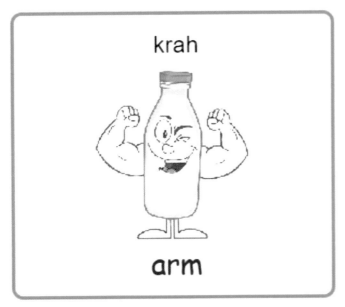

arm

mjekër

beard

mjekër

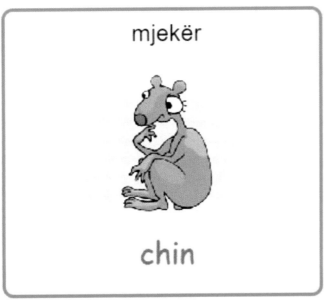

chin

bërryl

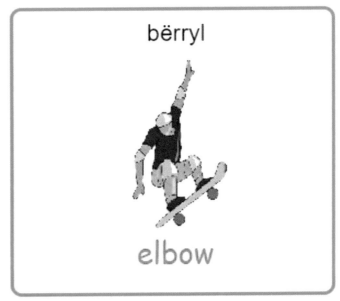

elbow

fytyrat

face

gojë

mouth

qafë

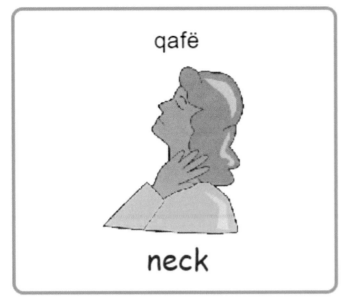

neck

thumbs

thumb

gjuhë

tongue

muskul

muscle

hip

hip

trup

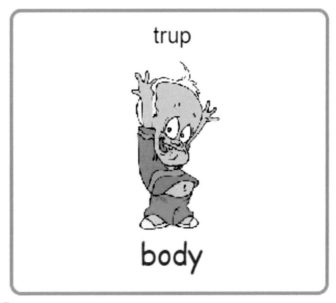

body

akullore

ice cream

bllokim

jam

shalqi

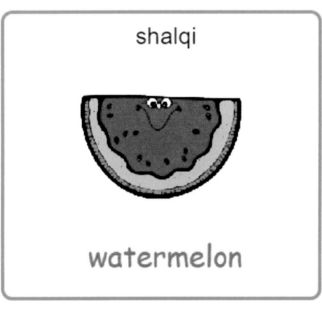

watermelon

tortë

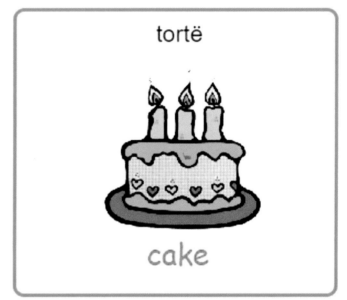

cake

portokall

orange

kos

yogurt

limon

lemon

qumësht

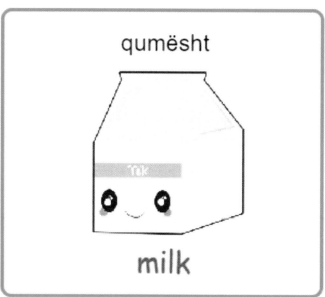

milk

dardha

pear

mollë

apple

bukë

bread

i kokosit

coconut

brokoli

broccoli

bizele

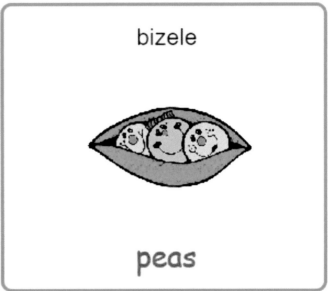

peas

sallatë

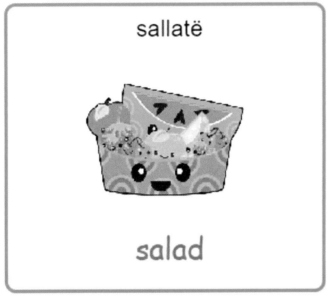

salad

spec djegës

chili

qershi

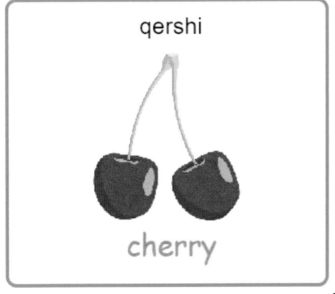

cherry

banane

banana

luleshtrydhe

strawberry

ananasi

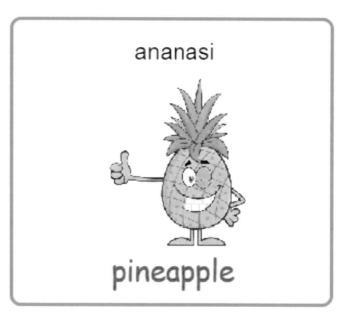

pineapple

fasule

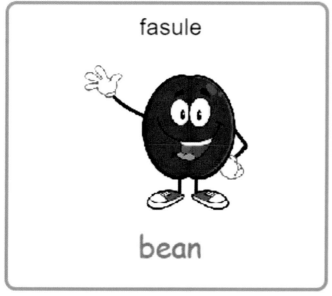

bean

karamele

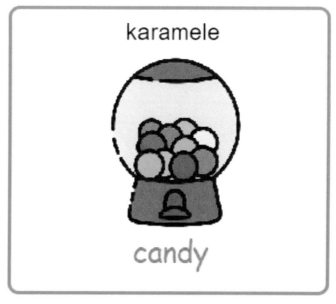

candy

proshutë

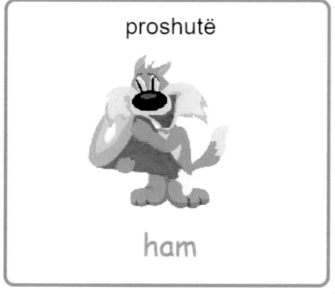

ham

lëng

juice

kivi

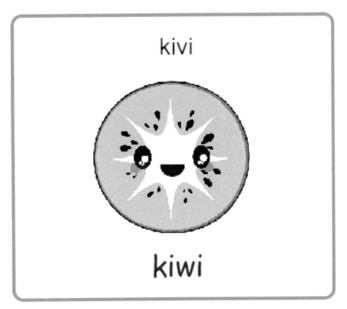

kiwi

mish

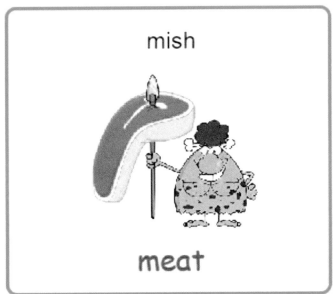

meat

arra

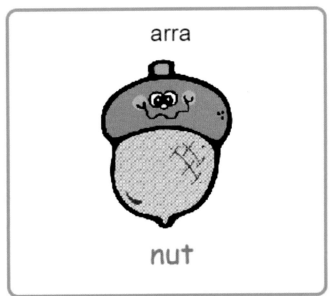

nut

qepë

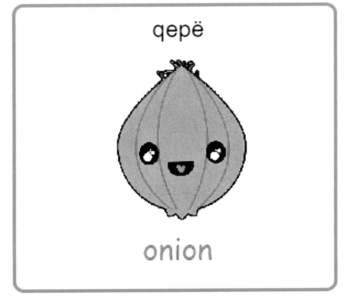

onion

keçap

ketchup

djathë

cheese

hardhi

grape

karotë

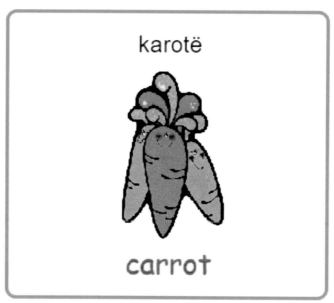

carrot

buding

pudding

petë

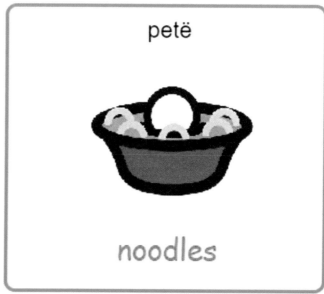

noodles

badiava

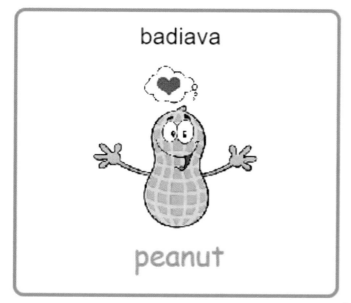

peanut

patate

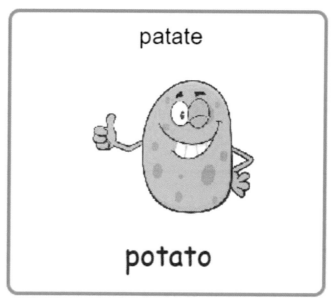

potato

biftek

steak

donuts

donut

perime

vegetable

suxhuk

sausage

pies

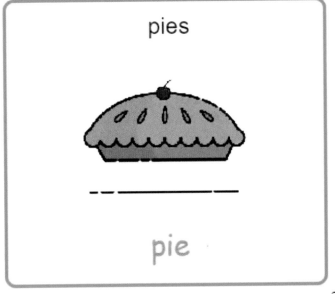

pie

mjaltë

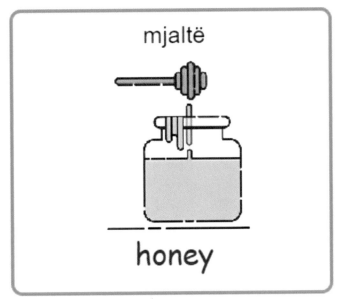

honey

supë

soup

avokado

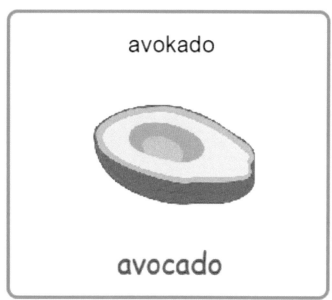

avocado

cokollate

chocolate

pica

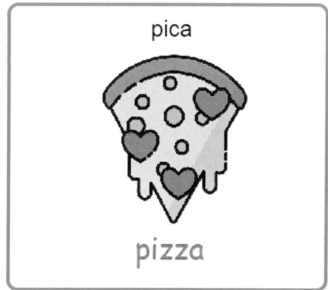

pizza

domate

tomato

eggplants

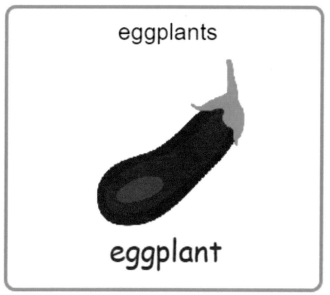

eggplant

kastravec

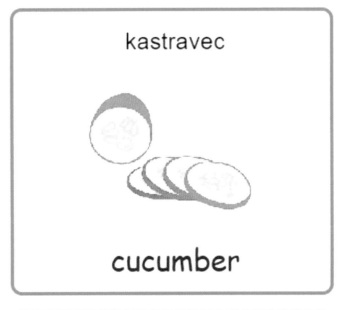

cucumber

grejpfrut

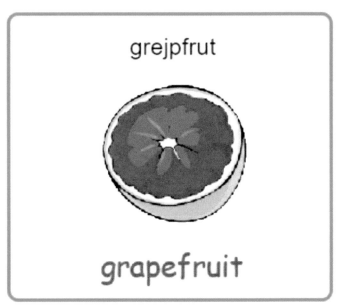

grapefruit

sanduiçe

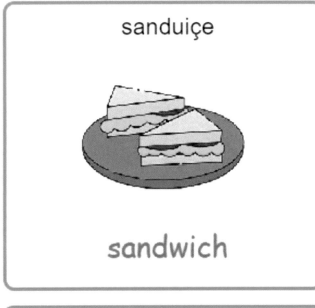

sandwich

pjeshkë

peach

vezë

egg

llokum

plum

shegë

pomegranate

mjedër

raspberry

mandarinë

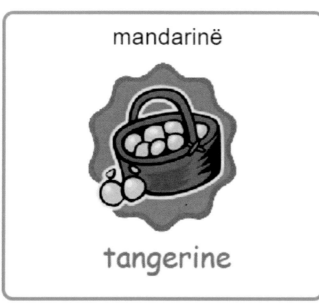

tangerine

grurë

wheat

biskotë

cookie

këpurdhë

mushroom

rrepë

turnip

acorns

acorn

misër

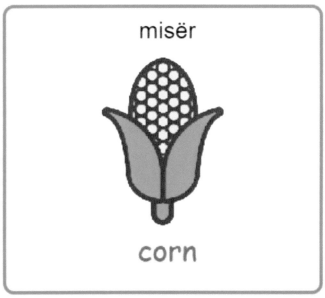

corn

bebe

baby

mbret

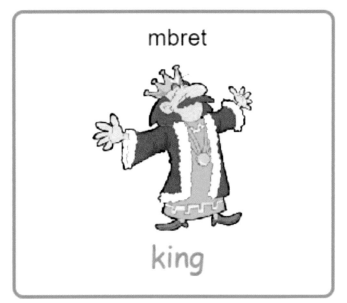

king

fëmijët

kids

mbretëreshë

queen

djalë

boy

vëlla

brother

fëmijë

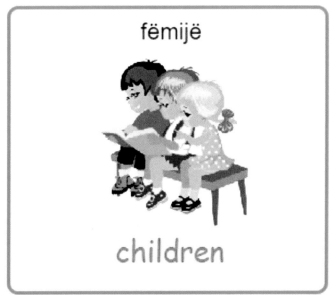

children

fermer

farmer

baba

father

vajze

girl

njeri

man

nënë

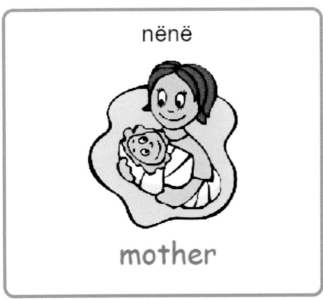

mother

shtrigat

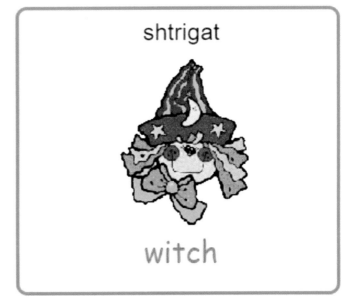

witch

motër

sister

berber

barber

mik

friend

mjek

doctor

infermiere

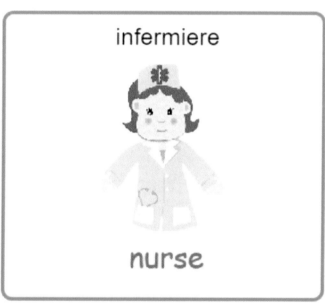

nurse

magjistar

magician

fotograf

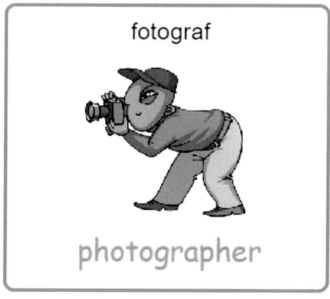

photographer

pirat

pirate

shef

chef

engjëll

angel

kalorës

knight

sirenë

mermaid

princeshë

princess

mësues

teacher

baba

dad

artist

artist

muzikant

musician

kasap

butcher

udhëheqësit

leader

menaxher

manager

33

politikan

politician

atë

him

furrtar

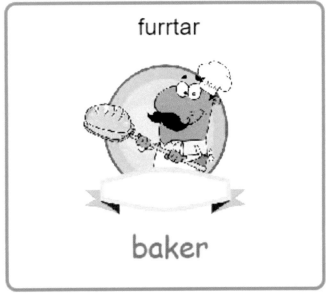

baker

vjedh

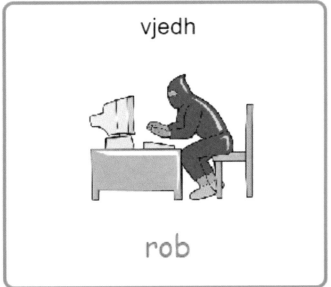

rob

marangoz

carpenter

polic

cop

kamerierë

waiter

polic

policeman

vegjël

toddler

mom

mom

çupë

maid

aeroplan

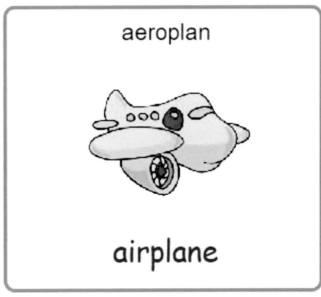

airplane

makinë

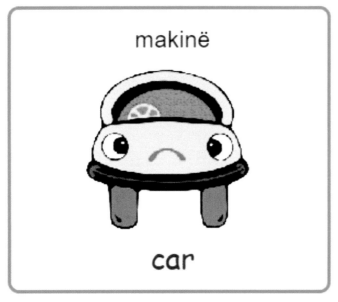

car

scooters

scooter

biçikletë

bicycle

furgon

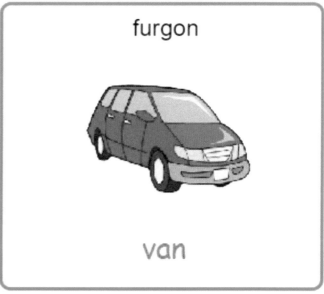

van

autobus

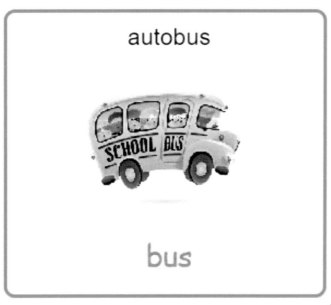

bus

biciklete

bike

trenat

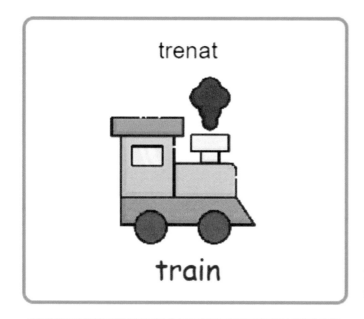

train

kamionë

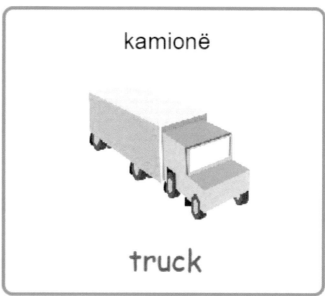

truck

xhipa

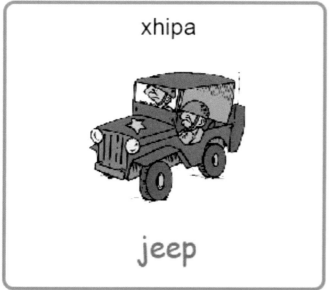

jeep

taksi

cab

kamionçinë

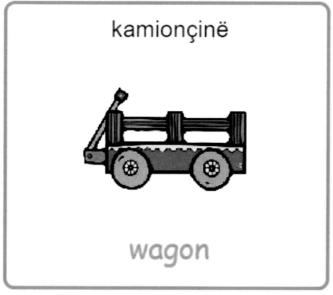

wagon

raketë

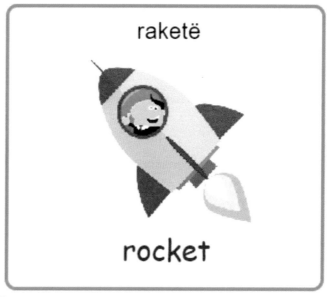

rocket

karrocë dore

barrow

top

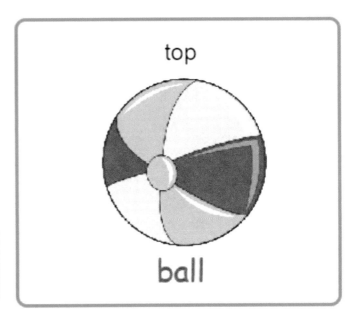

ball

flamur

flag

tigan

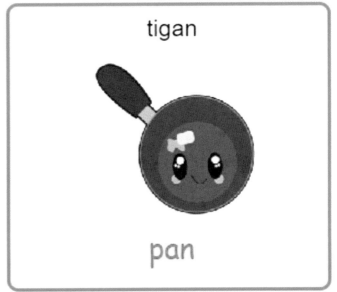

pan

vazo

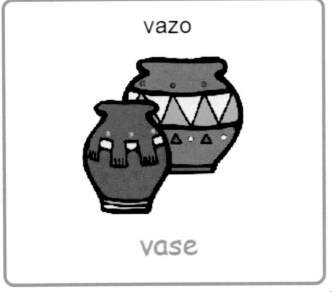

vase

peshqir

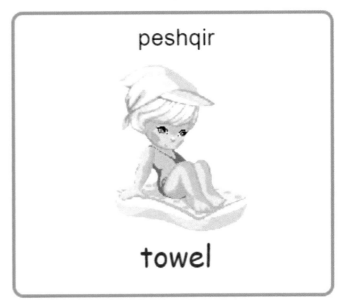

towel

çantë

bag

ibrik

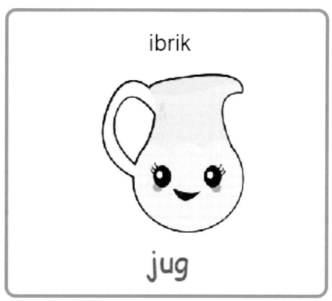

jug

çantë shpine

backpack

fole

nest

pemë

tree

ombrellë

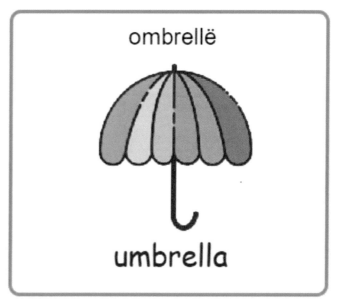

umbrella

vullkan

volcano

spirancë

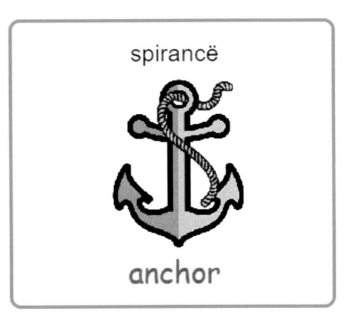

anchor

fije

yarn

zinxhir

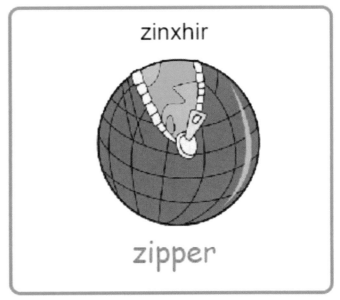

zipper

collars

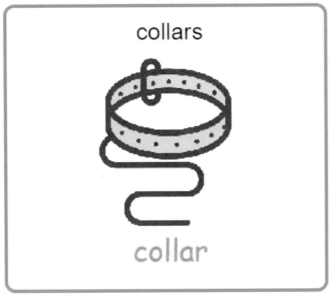

collar

pasqyrë

mirror

Made in the USA
Middletown, DE
09 October 2021

49948305R00024